29 mai 1889

COLLECTION

A. DREYFUS

[illegible]

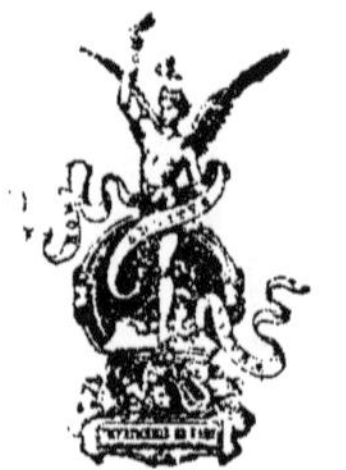

COLLECTION

A. DREYFUS

PARIS

IMPRIMERIE DE L'ART. — E. MÉNARD ET Cie

41, RUE DE LA VICTOIRE, 41

CATALOGUE

DE

TABLEAUX MODERNES

DE PREMIER ORDRE

Aquarelles

TABLEAUX ANCIENS

PROVENANT DE GALERIES CÉLÈBRES

Composant l'importante Collection

DE M. A. DREYFUS

ET DONT LA VENTE AURA LIEU

GALERIE GEORGES PETIT

8, rue de Sèze, 8

Le Mercredi 29 Mai 1889

A DEUX HEURES

COMMISSAIRE-PRISEUR

M. PAUL CHEVALLIER

10, rue de la Grange-Batelière, 10

EXPERTS

M. GEORGES PETIT — 12, rue Godot-de-Mauroi, 12

M. B. LASQUIN — 12, rue Laffitte, 12

EXPOSITIONS

PARTICULIÈRE : *Le Lundi 27 Mai 1889, de 1 heure à 5 heures.*

PUBLIQUE : *Le Mardi 28 Mai 1889, de 1 heure à 5 heures.*

CONDITIONS DE LA VENTE

Elle sera faite *expressément* au comptant.

Les Acquéreurs payeront CINQ POUR CENT en sus des adjudications, applicables aux frais de la vente.

PRÉFACE

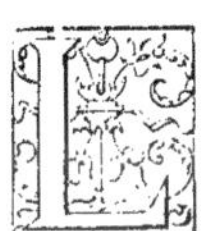

A collection de M. Auguste Dreyfus peut se diviser en trois groupes : les maîtres anciens, l'école française depuis un demi-siècle et les étrangers. Si l'on veut constater en quelques pages ces efforts multiples dans un art très varié, il ne faut pas s'égarer dans des discussions de détail. Tout au plus peut-on résumer la valeur de cette galerie en marquant au passage les œuvres les plus intéressantes dont elle se compose. Il me semblerait notamment superflu de m'attarder auprès des maîtres anciens; ils ont leur histoire; on sait qu'ils viennent des collections célèbres des Salamanca, Péreire, Gsell, etc., comme on est convaincu qu'ils entreront dans d'autres galeries fameuses, à présent que leur dernier propriétaire leur rend la liberté.

La dispersion de cette collection a étonné Paris, qui ne s'y attendait pas; elle est une des surprises de ce printemps, ce que les Anglais appellent un *great event* de la saison. La collection de M. Auguste Dreyfus témoigne des goûts éclectiques de l'amateur : il n'a de préférence pour aucun temps, pour aucune école; pendant trente ans il a réuni chez lui tous les tableaux qui lui plaisaient, quelle que fût leur origine ou leur tendance. L'école française s'y montre en grande majorité; on peut la suivre dans la collection de M. Dreyfus depuis plus d'un demi-siècle, à travers ses évolutions nombreuses qui s'appuient, d'une part, sur l'art acclamé, sous la Restauration, de Léopold Robert, et, de l'autre, sur ce qu'il y a de plus moderne dans la peinture contemporaine, depuis l'élégant artiste des *Pifferari*, qui entrevoyait le paysan italien à travers une poésie particulière et invraisemblable, jusqu'à l'art contemporain, qui poursuit la réalité des choses.

Cette lutte entre deux principes d'art n'est pas terminée. Malgré l'apparente victoire décisive de l'école réaliste, on en peut poursuivre les péripéties dans l'œuvre de Paul Delaroche, dans lequel il n'y a pas de trace de Delacroix, comme dans celui de Robert-Fleury, qui en a été troublé et atteint. La conception froide de l'histoire continue la lutte contre les historiens qui l'enveloppent d'un style chaud et coloré. Et il en sera ainsi jusqu'à la fin des siècles; car, le jour où l'art aurait trouvé une formule définitive, il cesserait d'exister.

M. Auguste Dreyfus s'est désintéressé des querelles d'école; il a composé sa galerie comme un homme qui prend son plaisir où il le trouve, qu'il lui vienne de la fiction ou de la réalité. C'est peut-être le moyen le plus sûr de ne pas verser dans la monotonie d'un même art et de posséder un échantillon de tout ce qui a passionné pendant un demi-siècle. C'est pour cela qu'à côté de l'art académique on trouve dans cette collection les œuvres des hommes qui ont bouleversé la tradition, et à qui on ne connaît aucun intermédiaire entre la nature et leurs sensations. L'enchanteur Diaz, ce grand virtuose de la palette, est là avec quelques-uns de ses plus séduisants tableaux. Le magnifique *Paysage du Berry*, par Théodore Rousseau, les pages si séduisantes de Corot, marquent la conquête définitive et l'apothéose des paysagistes français en ce siècle; ils ne s'attardent pas aux végétations lointaines et encore moins songent-ils à inventer une nature qu'ils ignorent, comme le faisaient autrefois les naïfs du soi-disant paysage historique, dont la témérité a trouvé un juste châtiment dans l'oubli de ces gloires éphémères, à présent dédaignées.

Avec Troyon apparaît dans la collection Dreyfus un des plus

grands charmeurs de l'art français, il a la science de l'animalier, l'incomparable virtuosité de l'exécution, la séduction de la couleur et une réelle entente du paysage. De ses cinq toiles, trois pour le moins sont de premier ordre dans son œuvre : *le Passage du bac*, *la Route du marché* et *le Pâturage* sont trois toiles admirables, autour desquelles la bataille sera chaude. A côté de ces pages séduisantes de lumière et de vie, *le Retour du marché*, de Courbet, peut perdre de son éclat, sans perdre son intérêt : il demeure, comme tant d'œuvres de ce maître peintre, d'une singulière puissance dans la conception, en même temps que d'une certaine naïveté de la mise en scène, qui ont leur valeur et leur charme.

Et nous voici devant *le Liseur*, de Meissonier, un de ces petits panneaux dans lesquels il dépense son art si grand, qui n'est pas seulement l'inépuisable science, mais qui nous ouvre encore une vue sur les sensations intimes du personnage, qui nous dit l'état de son esprit et nous fait vivre un instant dans son intimité. Meissonier a surgi à son heure, comme une protestation contre ceux pour qui la forme humaine se bornait à des indications vagues noyées dans un ragoût de couleur fantaisiste. La politique n'a pas le privilège des fortes secousses : les arts aussi traversent des révolutions, à la suite desquelles l'anarchie se déclare. C'est alors que Meissonier vient pour remettre de l'ordre dans la peinture, et il entraine à sa suite un grand nombre de jeunes gens dans les œuvres desquels l'influence du maître est visible : les Detaille, Leloir, Worms, et Vibert, pour ne citer que les plus connus. Mais derrière ces chefs de file marche un gros bataillon de peintres de genre, qui, tous, procèdent de l'art de Meissonier, et à qui l'on peut reprocher un manque d'originalité.

Mais il en est de même à toutes les époques et dans toutes les écoles. Autour de tout artiste de premier plan se rallient les jeunes gens, selon leurs préférences ou leur propre tempérament. Les censeurs amers ont reproché à Meissonier d'avoir entraîné toute une école vers le rendu précieux. Il serait alors juste de constater que Meissonier a donné aux jeunes gens l'exemple de la conscience en art. Quoi qu'il en soit, on ne peut pas rendre un grand peintre responsable des écarts de ceux qui l'imitent sans talent propre, ce qui n'est pas le cas de ceux que je viens de citer; leurs œuvres marquent quelques-uns des plus grands succès du Salon annuel. C'est là que M. Dreyfus a recruté les toiles applaudies de l'art contemporain : *le Départ des mariés espagnols*, qui est un des meilleurs tableaux de Vibert, *le Barbier distrait*, la toile la plus complète de Worms, ou *la Dame au perroquet*, de Leloir.

Cette partie de la collection est comme une exposition rétrospective des grands succès du Salon depuis 1872, où M. Henri Levy fit sensation avec son *Hérodiade*, jusqu'au *Gulliver* d'Émile Adan, une des dernières recrues de la galerie Dreyfus. Pendant ce temps, l'amateur acquiert *Bagatelle*, un des plus jolis morceaux de Ferdinand Heilbuth, où le parisianisme le plus raffiné s'allie à un charme particulier de la coloration.

Entre temps, M. Dreyfus achète les œuvres applaudies au Salon de nos peintres de soldats. Alphonse de Neuville y figure avec une *Surprise sous les murs de Metz;* Detaille avec une de ses plus importantes toiles : *Bonaparte en Égypte*, et Berne-Bellecour avec le *Combat de la Malmaison*, qui est certainement son plus beau tableau; on verra par ses charmantes études avec quelle conscience procède cet artiste de valeur. Et comme M. Dreyfus semblait jaloux de posséder un spécimen des meilleurs peintres de son temps, il incorpora dans sa galerie une *Italienne* de Léon Bonnat, *le Pâturage* de Van Marcke, le meilleur élève de Troyon, une aquarelle de Rosa Bonheur, une fantaisie d'Hamon, une toile de Benjamin Constant, et, pour prouver que sa galerie n'est fermée à personne, il choisit, à côté des peintres parvenus au renom, d'autres qui en France ou à l'étranger se sont à peine mis en route pour la célébrité.

On a vu des collections plus nombreuses que celle-ci, mais je n'en connais pas qui soit à ce point variée et qui témoigne plus que celle-ci du désir de montrer un échantillon de tous ceux qui marquent dans l'histoire de l'art depuis cinquante ans. Ce n'est pas la première fois qu'on voit un collectionneur se séparer d'un ensemble d'œuvres d'art, à la réunion desquelles il a consacré trente ans. Y a-t-il là un simple caprice ou une évolution du goût ? Peut-être cette brusque détermination repose-t-elle sur les deux causes à la fois. Pour quelques-uns, et M. Auguste Dreyfus est peut-être du nombre, la possession d'une galerie ne vaut pas les joies de la former peu à peu et d'y ajouter chaque semaine une œuvre nouvelle. Quand M. Dreyfus aura vendu son dernier tableau, il suivra les ventes des autres pour reformer une collection. Le proverbe : Qui a bu boira, n'est peut-être pas toujours justifié, on a vu des buveurs finir dans l'abstinence, mais on peut certainement l'appliquer aux choses de l'intelligence : quand on a pris l'habitude des joies qu'elle procure dans ses diverses manifestations, on n'y renonce jamais entièrement : on n'a pas d'exemple d'un collectionneur de tableaux qui ait fini ses jours dans un milieu sans art.

Je prie le lecteur de se contenter de ces rapides indications. Il n'entre pas dans mes goûts, quand je parle des choses de l'art, de faire un retour dans le passé pour écraser, sous les gloires établies depuis des siècles, les efforts de mes contemporains. Vivant au milieu d'eux, j'ai l'habitude de prendre de mon temps ce qu'il m'offre de beau ou de purement agréable : la postérité décidera ce qu'elle devra retenir de tant d'œuvres acclamées ou intéressantes et qui dans leur ensemble représentent l'art avec son mouvement perpétuel des idées, avec ses progrès et ses recommencements.

Enfin, je vais dire un mot de trois peintres étrangers, qui comptent parmi les meilleurs de la collection. Il y a là Pettenkofen, le peintre autrichien, avec quelques-unes des petites œuvres pour lesquelles les amateurs font des folies ; puis Andréas Achenbach, le fameux paysagiste allemand, à présent le doyen de l'école de Dusseldorf, et enfin Benjamin Vautier est représenté par une de ses plus importantes toiles : *le Départ de la mariée*. Vautier est Suisse, car il est né à Lausanne. Mais il a reçu toute son éducation à l'école de Dusseldorf et il lui appartient. Dès ses débuts il suivit Knaus, dont l'étoile venait de se lever et qui brilla même à Paris du plus vif éclat vers 1855. Knaus avait découvert une race particulièrement pittoresque dans le paysan de la Forêt Noire qui lui inspira ses plus beaux tableaux. Dans cet ordre d'idées, Vautier prit une grande place parmi les émules de Knaus, et par la suite il devint son rival dans la faveur des Allemands, Anglais et Américains. Knaus est plus robuste ; mais Vautier se montre plus tendre : il apporte dans ses tableaux le sentiment attendri qui dominait pendant un temps dans les histoires de village de la littérature. Ses paysans s'appuient sur le souvenir de George Sand et du conteur allemand Auerbach ; c'est-à-dire que la fiction y domine au détriment de la vérité stricte. Mais Vautier n'en est pas moins un artiste du plus grand talent et du plus vif intérêt, et ses œuvres, moins répandues en France, se vendent à l'étranger à des prix fous.

ALBERT WOLFF.

Paris, 1889.

TABLEAUX

ÉCOLES MODERNES

ACHENBACH

(ANDRÉ)

1 — Le Moulin à eau.

Dans un site agreste boisé, un torrent, coulant à travers des roches, alimente un petit moulin auquel on accède par un sentier conduisant à une passerelle située à mi-côte. Le soleil éclaire vivement le fond du paysage sur la hauteur.

Signé et daté de 68.

Galerie Gsell, de Vienne.

Bois. Haut., 72 cent.; larg., 1 mètre.

GRAVÉ PAR TEYSSONNIÈRES.

ADAN

EMILE

2 — Gulliver à Brobdingnag.

« C'est là que l'on me fit ramer pour mon divertissement aussi bien que pour celui de la reine... Quelquefois je haussais ma voile, et puis c'était mon affaire de gouverner pendant que les dames me donnaient un coup de vent avec leurs éventails ; et, quand elles se trouvaient fatiguées, quelques-uns des pages poussaient et faisaient avancer le navire avec leur souffle... » (Swift.)

La scène se passe dans un riche palais de l'Orient, où un grand nombre de personnages de la cour, de dames, de pages et d'enfants en riches costumes, entourent un grand bassin carré sur lequel navigue le héros.

Salon de 1880.

Toile. Haut., 1 m. 17 cent.; larg., 2 m. 12 cent.

GRAVÉ PAR DE BILLY.

AUGUIN

LOUIS-AUGUSTIN

3 — A travers champs ; matinée de septembre.

Salon de 1880.

Haut., 1 m. 90 cent.; larg., 2 m. 60 cent.

BAIL

(JOSEPH)

4 — **Bibelots.**

Une horloge de cuivre doré du XVIe siècle, un médaillon, une coupe ornée de pierreries, un vase de Palissy et un autre vase en faïence verte, posés sur une table.

Salon de 1880.

Toile. Haut., 1 m. 5 cent.; larg., 90 cent.

BARILLOT

(LÉON)

5 — **La Ferme d'Onival (Somme).**

Trois vaches debout et trois autres couchées dans une cour de ferme; près d'elles, des volailles.

Salon de 1879.

Toile. Haut., 87 cent.; larg., 1 m. 28 cent.

BENOUVILLE

(LÉON)

6 — **Raphael et la Fornarina.**

« Raphael s'arrête en admiration devant la Fornarina, qu'il aperçoit debout sur la porte de sa boulangerie. »

Daté 1856.

Galerie Péreire (1872), n° 2 du catalogue.

Toile. Haut., 1 m. 13 cent.; larg., 65 cent.

BERNE-BELLECOUR

7 — Les Tirailleurs de la Seine au combat de la Malmaison, le 21 octobre 1870.

La compagnie est parvenue sur le plateau après avoir contourné le parc de la Malmaison dont on voit, à droite, le pavillon du garde-chasse. Une vive fusillade est engagée.

Les tirailleurs cachés derrière les vignes cherchent à débusquer l'ennemi des hauteurs de la Jonchère, sur lesquelles on distingue des lignes de fantassins allemands.

Œuvre capitale de l'artiste.

Salon de 1875.

Toile. Haut., 1 mètre ; larg., 2 mètres.

Gravé par Kratké.

BERNE-BELLECOUR

8 — Deux Tirailleurs dans les vignes.

Épisode du combat de la Malmaison, octobre 1870.

Le moment est critique, un obus vient d'éclater près d'eux. L'un, debout, se courbe en tournant la tête : l'autre, agenouillé, se préserve le visage avec son bras gauche et s'appuie de la main droite sur son fusil.

Devant eux, un cheval étendu mort.

Au loin, sur la colline, on distingue les habitations de la Jonchère.

Signé à gauche et daté 1875.

Bois. Haut., 18 cent. ; larg., 23 cent.

BERNE-BELLECOUR

9 — **Deux Tirailleurs.**

Épisode du combat de la Malmaison, octobre 1870.

Ils sont couchés à plat ventre sur un terrain en pente, vivement éclairé par le soleil, et se trouvent à demi cachés par un petit massif de feuillage. L'un d'eux prend une cartouche dans sa giberne pour recharger son arme ; à droite, près de lui, son sac posé par terre.

L'ennemi est embusqué dans des maisons dont on n'aperçoit que les toitures.

Signé à gauche et daté 1875.

Bois. Haut., 16 cent.; larg., 27 cent.

BERNE-BELLECOUR

10 — **Tirailleurs de la Seine en reconnaissance.**

Épisode du combat de la Malmaison, octobre 1870.

La compagnie se trouve sur les hauteurs. Les tirailleurs avancent dans les vignes en faisant le coup de feu dans la direction de la Jonchère.

L'un d'eux s'abrite derrière le pavillon du garde-chasse du parc de la Malmaison pour examiner la position de l'ennemi que l'on aperçoit sur le coteau.

Un soleil couchant éclaire le paysage.

Signé à gauche. A droite est écrit *Malmaison*, octobre.

Bois. Haut., 12 cent.; larg., 21 cent.

BERNE-BELLECOUR

11 — Tirailleur blessé.

Épisode du combat de la Malmaison, octobre 1870.

Un tirailleur de la Seine vient de recevoir une balle dans la jambe ; assis près d'un buisson, il porte la main gauche à sa blessure ; de la main droite, il s'appuie sur son fusil tombé à terre ainsi que son képi et son mouchoir.

Un peu avant, des soldats de l'infanterie de ligne continuent le feu.

Signé à gauche et daté 1875.

Bois. Haut., 12 cent. ; larg., 15 cent.

BERNE-BELLECOUR

12 — Tirailleur en embuscade.

Épisode du combat de la Malmaison, octobre 1870.

A l'abri derrière une haie, il est couché à terre, vu de dos, et cherche à se rendre compte du résultat du coup de feu qu'il vient de tirer.

Signé à gauche et daté 1875.

Bois. Haut., 12 cent. ; larg., 15 cent.

BERNE-BELLECOUR

13 — Tirailleur au créneau.

Épisode du combat de la Malmaison, octobre 1870.

Debout et vu de dos, il décharge son arme par un créneau pratiqué dans un mur treillagé, au-dessus duquel apparaissent les maisons occupées par l'ennemi.

Bois. Haut., 21 cent. ; larg., 12 cent.

BERNE-BELLECOUR

14 — **Fantassin en embuscade.** 1000

Épisode du combat de la Malmaison, octobre 1870.

Placé derrière un gros arbre, il est agenouillé et recharge son fusil.

Près de lui, à terre, le casque d'un soldat allemand.

Signé à gauche et daté de 1875.

Bois. Haut., 19 cent.; larg., 14 cent.

BERNE-BELLECOUR

15 — **Tirailleur en embuscade.** 1000 / 950

Agenouillé sous bois et s'appuyant sur son fusil, il cherche à distinguer l'ennemi qui se dissimule dans une partie ensoleillée du bois, à droite.

Signé à droite.

Bois. Haut., 15 cent.; larg., 12 cent.

ROSA BONHEUR

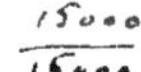

16 — **Famille de cerfs.**

Dans la brume du matin, un dix-cors, une biche et deux faons, sont aux écoutes au milieu d'un site de la forêt de Fontainebleau, planté de fougères et parsemé de roches de grès.

Signé à gauche et daté de 1865.

Bois. Haut., [illegible] cent.; larg., 55 cent.

GRAVÉ PAR RENÉ-PAUL HUET

BONNAT

17 — **Jeune Italienne.**

Assise, tournée vers la gauche, en costume napolitain, la chevelure retombant derrière les épaules, les mains jointes posées sur ses genoux.

Bois. Haut., 35 cent.; larg., 24 cent.

Gravé par Kratké.

CONSTANT

BENJAMIN

18 — **L'Empereur du Maroc.**

Le sultan, suivi d'une nombreuse escorte de pachas, de cheiks, d'officiers et de personnages musulmans, fait son entrée dans la ville: le peuple se prosterne sur son passage.

L'architecture de l'antique porte voûtée sous laquelle s'avance le cortége ajoute encore à la grandeur de cette imposante cérémonie.

Haut., 1 m. 58 cent.; larg., 1 m. 9 cent.

Gravé par Duvivier.

COROT

19 — **Paysage des environs de Ville-d'Avray.**

« Un massif d'arbres, traversé par un sentier, au milieu; à gauche, une colline: à droite, un étang. Au premier plan, un paysan qui cause avec deux femmes, et, sous les arbres, des animaux. »

Collection Michel de Trétaigne.

Bois. Haut., 53 cent.; larg., 75 cent.

Gravé par Teyssonnières.

COROT

20 — **Les Bouleaux.** 12000 / 14100

Une rangée de bouleaux se détache sur le paysage, dont le fond est vivement éclairé.

A droite, un petit coteau où s'élèvent plusieurs habitations.

A gauche, non loin d'une mare, deux vaches pâturent sous la garde d'une petite fille assise à terre.

Signé à gauche, en noir.

Bois. Haut., 65 cent.; larg., 50 cent.

GRAVÉ PAR LOS RIOS.

COURBET

21 — **Le Retour du marché.** 20000 / 8600

A la fin d'une journée d'été, dans une grande plaine que le soleil couchant éclaire de ses dernières lueurs, plusieurs paysans reviennent ensemble du marché, ramenant des bestiaux ou chargés d'emplettes.

Deux fermiers à cheval sont précédés de bœufs couplés et d'un paysan qui conduit une vache. Deux femmes, dont l'une porte un panier sur la tête, et une génisse les suivent; plus loin, un homme avec une hotte.

Au premier plan, marchant sur l'herbe, un autre villageois, en habit de ville; chargé d'un ballot, il tient à la main un grand parapluie et conduit devant lui un goret attaché par une patte.

Œuvre capitale du maître.

Toile. Haut., 2 mètres; larg., 2 m. 77 cent.

GRAVÉ PAR MORDANT.

DAUBIGNY

(KARL)

22 — **La Chute des feuilles ; soleil couchant.**

Salon de 1880.

Toile. Haut., 1 m. 15 cent.; larg., 1 m. 70 cent.

DAUBIGNY

(KARL)

23 — **Bords de la Seine à Rangiport.**

Salon de 1880.

Toile. Haut., 90 cent.; larg., 1 m. 65 cent.

DELAROCHE

(PAUL)

24 — **Le Retour de la moisson.**

Jeune Napolitaine portant sur sa tête son enfant dans un berceau; près d'elle, un jeune garçon chargé d'une brassée d'herbes.

Galerie Péreire 1872, n° 16 du catalogue.

Bois. Haut., 18 cent.; larg., 11 cent.
Forme cintrée.

Gravé par Toussaint.

DELAROCHE

(PAUL)

25 — **Marie-Antoinette après sa condamnation.**

Première pensée peinte en 1850.

Vente Paul Delaroche, n° 24 du catalogue.

Galerie Péreire (1872), n° 15 du catalogue.

Bois. Haut., 22 cent.; larg., 16 cent.

DETAILLE

(ÉDOUARD)

26 — **Bonaparte en Égypte.**

A la fin d'un combat livré aux Mamelucks, les étendards et les prisonniers sont présentés à l'état-major qui parcourt le champ de bataille : Kléber, Dumas, Bessières, Desaix, Caffarelli, Monge, Desgenettes, Denon, Berthollet, etc., accompagnent le général en chef de l'armée d'Égypte.

Signé à droite et daté 78.

Salon de 1878.

Toile. Haut., 1 m. 52 cent.; larg., 2 m. 52 cent.

GRAVÉ PAR KRATKÉ.

DETAILLE

(ÉDOUARD)

27 — **Bonaparte en Égypte.**

Le général Bonaparte, accompagné de Kléber, de deux autres généraux et d'une nombreuse escorte, passe au galop devant un groupe de prisonniers musulmans sous la garde de fantassins et de dragons. En avant du groupe, des soldats présentent des étendards et des enseignes pris sur l'ennemi.

A gauche, au loin, l'armée est en bataille.

Esquisse signée à gauche.

Toile. Haut., 50 cent.; larg., 65 cent.

DIAZ

(NARCISSE)

28 — La Partie de boules.

« Toute une petite réunion d'enfants vêtus de riches costumes orientaux jouent aux boules sous des grands arbres, dans la campagne.

« C'est le moment où l'on discute la partie. »

Signé et daté de 51 à gauche.

Collection Michel de Tretaigne, 1872.

Toile. Haut., 25 cent.; larg., 35 cent.

GRAVÉ PAR MORDANT.

DIAZ

(NARCISSE)

29 — Les Trois Petites Filles.

Elles sont en forêt et jouent avec un griffon debout, qui les regarde, et un petit chien, que l'une d'elles, assise au pied d'un arbre, tient sur ses genoux.

Le soleil perce le feuillage et éclaire cette charmante scène.

Bois. Haut., 29 cent.; larg., 27 cent.

GRAVÉ PAR LOS RIOS.

DIAZ

(NARCISSE)

30 — La Mare : forêt de Fontainebleau.

Le ciel, chargé de nuages, annonce l'approche de la pluie.

Signé à gauche.

Bois. Haut., 19 cent.; larg., 29 cent.

DIAZ

NARCISSE

31 — **Après la pluie : forêt de Fontainebleau.**

Les eaux d'une mare reflètent la lumière d'un ciel ensoleillé.

Signé à gauche.

Bois. Haut., 19 cent.; larg., 29 cent.

FRÈRE

ÉDOUARD

32 — **Le Petit Bûcheron.**

A la sortie d'un bois couvert de neige, un pauvre petit tout transi de froid a posé son fagot à terre pour se réchauffer les mains qu'il tient enfoncées dans les poches de son pantalon.

Sous bois, une femme chargée d'un fagot.

Signé à gauche et daté 66.

Bois. Haut., 26 cent.; larg., 20 cent.

GIRARDET

KARL

33 — **Entrée dans la vallée de Lauterbrunnen.**

« Au premier plan, une grande mare où des troupeaux viennent s'abreuver; plus loin, les moissonneurs et le char qui enlève la moisson. La scène se passe au pied de hautes montagnes dominant la vallée de Lauterbrunnen.

Galerie Péreire 1872, n° 21 du catalogue.

Toile. Haut., 53 cent.; larg., 93 cent.

HAMON

J. L.

34 — **Les Victimes de l'amour.**

La foule des amants désillusionnés de tous les temps de l'humanité se déroule en une file interminable et passe devant l'Amour, maître du monde, qui, sans pitié, fustige ses victimes avec son arc transformé en fouet.

Signé au bas, à gauche.

Toile. Haut., 59 cent.; larg., 73 cent.

HAQUETTE

GEORGES

35 — **Retour de pêche.**

Une pêcheuse revient sur la grève, portant un croc sur l'épaule gauche et un congre de la main droite.

Plus loin, trois pêcheuses de crevettes.

Plusieurs barques en mer, sous un ciel gris.

Signé à gauche et daté de 1884.

Toile. Haut., 86 cent.; larg., 51 cent.

HEILBUTH

36 — **Bagatelle.**

Sur le bord du lac baignant la terrasse du château, plusieurs personnes en toilette d'été se promènent au milieu de la verdure et des fleurs. D'autres invités occupent la terrasse et se dirigent vers un petit quai d'embarquement où se trouvent des cygnes.

Toile. Haut. 1 m. 17 cent.; larg., 1 m. 50 cent.

Gravé par Deville.

HENNER

37 — **Tête de femme.**

De profil à gauche, chevelure brune, les épaules recouvertes d'une draperie rouge.

Signé à gauche.

Bois. Haut., 27 cent.; larg., 21 cent.

JACQUET

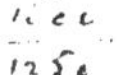

38 — **Jeune Parisienne.**

De profil à gauche, l'air pensif, la tête nue, chevelure blonde; elle est vêtue d'un costume d'hiver : manteau de velours noir bordé de fourrure.

Signé en haut, à gauche.

Bois. Haut., 32 cent.; larg., 25 cent.

JETTEL

E

39 — **Bords de rivière.**

Une large rivière baigne une prairie d'une grande étendue, plantée d'un bouquet d'arbres vers la gauche; des bestiaux animent le paysage.

Au premier plan, deux figures près d'un bateau amarré.

A droite, la plaine fuit vers l'horizon.

Tout le tableau est imprégné d'une vive lumière.

Signé à gauche et daté 1870.

Galerie Gsell, n° 274.

Bois. Haut., 45 cent.; larg., 74 cent.

LAUGÉE

(GEORGES)

40 — **A l'automne.**

Près d'une habitation, un paysan arrache des pommes de terre, pendant que sa femme, assise sur une brouette, amuse un poupon qu'elle tient sur ses genoux.

A terre, un sac et une manne d'osier.

Salon de 1880.

Toile. Haut., 1 m. 6 cent.; larg., 1 m. 3 cent.

LEFORTIER

(HENRI)

41 — **Étang d'un vieux moulin en Sologne : soleil couchant.**

Salon de 1880.

Haut., 1 m. 20 cent.; larg., 1 m. 95 cent.

LEFORTIER

(HENRI)

42 — **Bords de l'Yvette dans le parc de Launay, à Orsay (Seine-et-Oise).**

Salon de 1880.

Toile. Haut., 1 m. 20 cent.; larg., 1 m. 95 cent.

LELOIR

LOUIS

43 — La Bouillie pour les chats.

Un marmiton en justaucorps à crevés du XVIe siècle, assis sur une grosse bûche devant l'âtre d'une grande cheminée, fait cuire de la bouillie dans une marmite.

Plusieurs chats, grimpés sur un fourneau de briques, d'autres, à terre, se tiennent autour de lui, attendant leur nourriture. L'un d'eux, le favori sans doute, au poil blanc et le cou garni d'un ruban rose, a sauté sur les épaules du maître et semble manifester par ses miaulements l'impatience et la convoitise générale.

Signé à droite et daté de 71.

Bois. Haut. [illegible] cent. ; larg. [illegible] cent.

Gravé par Lalauze.

LELOIR

LOUIS

44 — La Dame au perroquet.

Nonchalamment étendue sur un divan recouvert d'une draperie orientale, une jeune femme, vêtue d'un riche costume, s'amuse à agacer avec une plume un perroquet blanc perché sur ses genoux.

Signé à gauche et daté 1876.

Toile. Haut. 23 cent. ; larg. [illegible] cent.

Gravé par Salmon.

LEVY

HENRI-LÉOPOLD

45 — **Hérodiade**.

« ..... Et la tête de Jean-Baptiste fut placée dans un bassin et donnée à la jeune fille, qui la porta à sa mère. » (Évangile selon saint Mathieu.)

« L'artiste a choisi le moment où Hérodiade reçoit des mains de sa fille la tête de saint Jean. Elle est assise sur un divan et vêtue d'une robe rouge : son attitude est calme, impassible, comme celle d'un proconsul romain condamnant à mort un confesseur de la foi. A ses pieds se tient une esclave qui se renverse en arrière, épouvantée à la vue de la tête sanglante du Précurseur. Salomé, debout, a les épaules et les bras nus, et le reste du corps enveloppé d'une légère draperie ; elle est blonde et a la tournure svelte et élégante qui convient à une danseuse. Derrière elle est une vigoureuse négresse soulevant une portière de tapisserie. Quatre autres figures, placées dans le fond, à gauche, complètent cette composition. »

Ce tableau a été très admiré des amateurs au Salon de 1872.

« L'*Hérodiade* de M. Levy, a dit M. Marius Chaumelin, est le morceau de grande peinture le plus remarquable du Salon. On y sent l'inspiration et la manière des maîtres. La composition est bien ordonnée, le dessin large et savant, la couleur abondante et robuste. »

Salon de 1872. — Exposition universelle, 1878.

Toile. Haut., 2 m. 90 cent. ; larg., 2 m. 35 cent.

GRAVÉ PAR BOILVIN.

LOBRICHON

46 — **Un Philosophe.**

Fantaisie décorative.

> Sans souci du lendemain, sans regret de la veille,
> L'enfant joue et s'endort, pour jouer se réveille.
>
> DELILLE, *l'Enfance.*

Salon de 1882.

Toile. Haut., 1 m. 28 cent.; larg., 77 cent.

GRAVÉ PAR DEVILLE.

LOBRICHON

47 — **Devant Guignol.**

Ils font plaisir à voir, ces douze bambins, garçons et fillettes aux visages épanouis par la joie que leur cause la représentation.

Comme ils prennent bien tous part à l'action de la comédie, même le bébé joufflu, qui, assis sur la rampe de la loge, retient par un fil son ballon rouge!

A gauche, les fillettes les plus grandes, et partant les plus raisonnables, se croient tenues d'assister au spectacle avec un enthousiasme moins démonstratif.

Signé à gauche, sur la balustrade.

Salon de 1880.

Toile. Haut., 52 cent.; larg., [illegible] cent.

LOBRICHON

48 — **Variations sur un thème connu.** 

Salon de 1885.

Toile. Haut., 90 cent.; larg., 2 mètres.

LOBRICHON

49 — Le Supplice de Tantale.

Salon de 1880.

Toile. Haut. 1 m. 18 cent.; larg. 66 cent.

MEISSONIER

50 — Jeune Homme lisant.

« Le jour baisse, il s'est approché de la fenêtre et parcourt un livre qu'il tient à la main. Il est debout, appuyé contre le volet ouvert, et vêtu d'un riche costume de chambre, en velours grenat.

« Près de la fenêtre, une table chargée de livres et la chaise qu'il vient de quitter. L'intérieur est déjà en partie dans l'obscurité.

« Tableau d'une coloration très vigoureuse et d'une belle exécution. »

Collection Michel de Tretaigne 1872, n° 47 du catalogue.

Bois. Haut., 24 cent.; larg., 15 cent.

Gravé par Rajon.

MOULLION

51 — Le Moissonneur.

Sa faux sur l'épaule, il traverse le champ de blé qu'il doit moissonner.

Au loin, des collines.

Œuvre importante de l'artiste, exposée au *Salon de 1880.*

Toile. Haut. 1 m. 14 cent.; larg., 1 m. 96 cent.

DE NEUVILLE

ALPHONSE

52 — **Une Surprise aux environs de Metz : 1870.**

Le village doit être cerné ; un officier de chasseurs à pied accourt avec ses hommes par une rue barricadée, trois de ces derniers, chargés de tout leur fourniment, sont postés à l'angle d'une propriété bourgeoise et se défendent bravement.

Les corps de plusieurs fantassins français et celui d'un allemand gisent sur le sol.

Le soleil inonde de sa lumière cet épisode où l'on retrouve toute la vigueur et tout l'entrain du regretté artiste.

Signé à gauche et daté 1875.

Salon de 1875.

[illegible]

GRAVÉ PAR LERAT

PÉRAIRE

PAUL

53 — **La Seine à Saint-Denis.**

Salon de 1880.

[illegible]

PERRET

AIMÉ

54 — **L'Incendie au village.**

Le terrain est couvert de neige, les pompiers du village voisin accourent avec leur pompe vers les maisons enflammées.

Salon de 1880.

Toile. Haut., 1 m. 58 cent., larg., 2 mètres.

PETTENKOFEN

55 — Le Marché hongrois.

Un certain nombre de chariots sont installés sur une place dominée par un groupe sculpté, élevé sur un piédestal.

Au premier plan, un potier et ses trois aides déballent de leur voiture des vases en terre qu'ils étalent sur le sol : les deux chevaux noirs formant l'attelage sont dételés et retournés contre la voiture de chaque côté du timon.

Toute la composition ensoleillée est en pleine lumière.

Haut., 14 cent.; larg., 23 cent.

GRAVÉ PAR MONGIN.

PETTENKOFEN

56 — Les Amoureux.

Un jeune paysan hongrois et une villageoise, dont on ne voit que le buste, s'embrassent amoureusement par-dessus une haie de chaume qui les sépare, et contre laquelle le jeune homme est appuyé.

A terre, deux cruches de grès.

Bois. Haut., 26 cent.; larg., 20 cent.

GRAVÉ PAR TOUSSAINT.

PLASSAN

57 — Le Coffret aux lettres.

Une jeune femme relit des lettres qu'elle retire d'un petit coffret posé sur une table près d'elle.

Signé à gauche et daté 1856.

Collection Michel de Trétaigne.

Bois. Haut., 15 cent.; larg., 11 cent.

LÉOPOLD ROBERT

58 — **Pifferari devant la Madone.** 15000 / 13500

« Au coin d'un carrefour, deux pifferari donnent une aubade à la Madone.

« Une jeune fille assise sur une marche et une autre, debout contre la muraille, écoutent les musiciens.

« Tableau plein de caractère et d'une très belle exécution. »

Daté 1829.

Galerie Péreire (1872), n° 58 du catalogue. 40000 f

Toile. Haut., 89 cent.; larg., 77 cent.

GRAVÉ PAR DUVIVIER.

ROBERT-FLEURY

59 — **Michel-Ange soignant son serviteur malade.** 3000 / 1000

« Michel-Ange, assis auprès du lit de son serviteur, suit avec tristesse les progrès de la maladie.

« A terre sont des portefeuilles et des livres; au fond, au-dessus du lit, un tableau religieux à volets ouverts. »

Daté 1841.

Galerie de Mgr le duc d'Orléans.

Vente Demidoff (1863), n° 11 du catalogue. 1500 f

Galerie Péreire (1872), n° 41 du catalogue. 8900 f

Toile. Haut., 64 cent.; larg., 82 cent.

GRAVÉ PAR DUVIVIER.

ROUSSEAU

(THÉODORE)

60 — **Paysage du Berry.**

Une rivière au cours sinueux baigne un paysage verdoyant égayé par les rayons du soleil; elle s'étend au loin vers un village dont on aperçoit le clocher et quelques maisons.

A droite, une ferme à demi cachée dans les arbres et un hangar couvert de chaume où stationnent des chevaux de labour.

A gauche, la prairie est plantée de peupliers et de saules sous lesquels paissent des bestiaux.

Deux bateaux conduits par des mariniers occupent le coude que forme la rivière au premier plan.

De légers nuages sont parsemés sur le ciel.

Œuvre de la meilleure époque du maître, signée à gauche.

Bois. Haut., 41 cent.; larg., 63 cent.

Gravé par Teyssonnières.

SALOMÉ

(EMILE)

61 — **Solitude.**

Couvent de trappistes dans le Valais (Suisse).

Salon de 1880.

Toile. Haut., 77 cent.; larg., 55 cent.

SCHMITSON

62 — **Chevaux tartares.**

Par un temps d'hiver, deux cavaliers chassent devant eux une bande de chevaux sauvages aux robes de couleurs variées.

Les derniers rayons d'un soleil pâle éclairent l'horizon.

Signé à gauche.

Galerie Gsell, de Vienne.

Toile. Haut., 57 cent.; larg., 39 cent.

GRAVÉ PAR RENÉ-PAUL HUET.

STEVENS

ALFRED

63 — **Une Matinée à la campagne.**

Près de la fenêtre d'une villa, ombragée par une banne, trois jeunes femmes tiennent conversation.

L'une vue de dos, assise à l'extérieur, vêtue d'une robe blanche rayée de rose, brode un ouvrage de tapisserie ; la deuxième, en robe de gaze noire, est assise sur le bord de la fenêtre et a laissé tomber un livre ouvert sur ses genoux, pendant que la dernière, assise à l'intérieur, le menton appuyé dans la main, prend part à la causerie.

Au premier plan, au soleil, un terre-neuve couché : à gauche, un oranger en caisse et des pots de fleurs.

Galerie Gsell, n° 359.

Toile. Haut., 82 cent.; larg., 65 cent.

STEVENS

(ALFRED)

64 — **Les Papillons.**

Dans une allée de parc conduisant à une épaisse futaie, une jeune dame, en robe blanche avec ceinture rouge et nœud au corsage, s'est arrêtée auprès d'une corbeille de roses. Ses regards suivent curieusement le vol de deux papillons qui se poursuivent devant le parasol japonais dont elle s'abrite.

Signé à droite.

Galerie Gsell, n° 358.

Toile. Haut., 46 cent.; larg., 38 cent.

TROYON

65 — **Le Passage du bac.**

« Les mariniers poussent encore le bac à la rive, que déjà les animaux en descendent; une vache vient boire, une autre est à l'eau; des moutons, une chèvre et une vache brune sont groupés sur le terrain en avant du bac.

« Le paysage s'étend au loin: il pleut à l'horizon, mais un rayon de soleil éclaire tout le premier plan et les animaux. »

Collection du baron Michel de Trétaigne, 1872, n° 61 du catalogue.

Cette belle composition peut être classée parmi les chefs-d'œuvre du maître.

Signé à gauche et daté de 1860.

Toile. Haut., 1 m. 8 cent.; larg., 1 m. 45 cent.

Gravé par Veyrassat et par Boulard.

TROYON

66 — **La Route du marché.** 60000 / 52000

Un petit troupeau composé de trois vaches, dont une rousse et une blanche, et de quelques moutons, s'avance sur une route, conduit par un paysan et son chien.

Derrière le troupeau, une femme, montée sur un cheval, et vue de dos, parle à un paysan.

Dans un champ, à droite, une charrette de foin rentre à la ferme.

A gauche, s'étend une vaste prairie arrosée par un cours d'eau.

Tout le paysage est baigné dans la brume dorée d'une chaude journée d'été.

Très belle qualité du maître. Pay' 2500 f à Troyon

Signé à gauche.

Toile. Haut., 62 cent.; larg., 93 cent.

Gravé par Salmon.

TROYON

67 — **Pâturage.** 35000 / 28000

Par une chaude journée d'été, un troupeau de vaches et de moutons paissent dans la vallée de la Touques, inondée de soleil.

Une vache rousse et une blanche debout, une noire couchée, sont au premier plan, deux autres sont dans l'éloignement.

A droite, près de la rivière, six moutons.

Au fond, un village au pied d'une longue colline.

Signé à gauche et daté de 1858.

Haut., 64 cent.; larg., 1 mètre.

Gravé par René-Paul Huet.

TROYON

68 — **Relais de chiens.**

Deux poitevins couplés, l'un debout, l'autre assis, et un griffon noir, vu de dos, sont postés sur la lisière d'un bois sous la garde d'un piqueur assis sur un tertre à gauche et tourné vers le taillis.

Le soleil éclaire vivement le premier plan.

Belle qualité du maître.

Signé à gauche.

Galerie Gisell, n° 374.

Toile. Haut., 37 cent : larg., 46 cent.

Gravé par Lerat.

TROYON

69 — **Pêcheurs de crevettes.**

Trois pêcheurs, dont deux marchent côte à côte, s'éloignent sur une plage à marée basse.

Ciel bleu avec légers nuages.

Esquisse signée des initiales C. T.

Galerie Gisell, n° 379.

Toile. Haut., 67 cent.: larg., 1 mètre.

VAN MARCKE

EUGÈNE

70 — **Bestiaux au pâturage.**

Une vache jaune, debout, tournée vers la gauche, une vache noire et un veau roux à tête blanche, couchés près d'une mare dans une prairie ensoleillée.

A droite, un bouquet d'arbres.

A gauche, dans l'éloignement, d'autres bestiaux.

Ciel nuageux.

Tableau d'un beau coloris, signé à droite, au bas, Eug. van Marcke.

Toile. Haut., 33 cent.: larg., 41 cent.

VAUTIER

(BENJAMIN)

71 — La Noce alsacienne.

La noce quitte l'auberge où l'on a festoyé et dont l'entrée, pour la circonstance, a été ornée de guirlandes de feuillages; les musiciens qui se tiennent sur le balcon donnent le signal du départ.

Au bas de l'escalier, l'époux tient sa timide compagne par la main et lève son chapeau en signe d'adieu, pendant qu'une jeune sœur, sans doute, se jette, en l'embrassant, au cou de la mariée.

Les vieux parents, les invités, des jeunes filles et des enfants suivent le couple ou font la haie sur les marches.

En avant, un jeune homme remplit des chopes de bière sur un plateau que tient une servante pour les offrir aux mariés. Un vieillard assiste à cette scène, assis sur un banc contre le perron.

A droite, près de l'auberge, la voiture du marié, attelée de deux chevaux, est prête à partir; plus loin, les maisons du village dominées par la montagne.

Œuvre très importante de l'artiste, comprenant environ trente figures.

Signé à droite et daté de 1875.

Haut., 1 m. 17 cent.; larg., 1 m. 66 cent.

Gravé par Manesse

VERNET-LECOMTE

72 — Joueuse de tambour de basque.

Assise, de face, les deux mains appuyées sur son instrument.

Toile. Haut., 81 cent.; larg., 62 cent.

VIBERT

(J. G.)

73 — Le Départ des mariés (Espagne).

Le repas de noce a eu lieu sous la verandah d'un ancien palais, orné de guirlandes de feuillages; les parents et amis, tous en costumes de fête, assistent au départ des jeunes époux qui, déjà montés sur une mule blanche, la mariée en croupe, reçoivent les adieux.

Plusieurs invités se pressent autour d'eux, l'un serre la main du marié, un autre lui présente le coup de l'étrier.

A gauche, le curé est resté attablé et cause avec son voisin; un vieillard tient un enfant debout sur la table et lui fait adresser des compliments aux mariés.

En avant de la table, des senoras sont assises sur le banc, une d'entre elles, debout, accoudée sur le piédestal d'une colonne et tenant une guitare, écoute les propos d'un prétendant placé derrière elle, en regardant curieusement les jeunes mariés.

D'autres convives occupent le fond de la galerie.

A droite, dans la cour, des serviteurs chargent les bagages sur des mules.

Œuvre capitale de l'artiste exposée au *Salon de 1873*.

Toile. Haut., 70 cent.; larg., 1 m. 18 cent.

Gravé par Faivre.

VIBERT

J. G.

74 — La Sérénade.

Un noble hidalgo, recouvert d'un manteau rouge, donne une aubade à sa belle, sous le balcon d'un riche palais.

Son domestique, en grande livrée, est assis sur la vasque d'une fontaine, formant une cavité au-dessous du balcon ; il tient dans ses bras l'étui de la guitare et un grand parapluie.

A terre, des pots à fleurs vides.

Signé à droite G. Vibert.

Bois. Haut., 56 cent.; larg., 38 cent.

Gravé par Los Rios.

VIBERT

J. G.

75 — La Fête de la Madone.

Deux bons moines sont occupés dans la cour d'un couvent à parer la Madone de ses plus beaux atours. Elle a été revêtue d'un magnifique manteau de brocart, dont l'un des pères, debout, répare la broderie, pendant que le frère jardinier, en tablier bleu et coiffé d'un chapeau de paille, termine des guirlandes de lis et de marguerites pour l'ornement du piédestal de la statue.

A terre, une brassée de fleurs.

Bois. Haut. 54 cent. larg. 46 cent.

Gravé par Leterrier.

VIBERT

J. G.

76 — **L'Escalade.**

La sérénade a produit un sensible effet et la déclaration a été bien agréée, car l'amoureux, posant là sa guitare et son chapeau, a escaladé, à l'aide d'une treille, le mur qui le séparait de sa belle.

Il est déjà sur le faîte et se penche de l'autre côté.

Signé à gauche et daté 1873.

Bois. Haut., 33 cent.; larg., 19 cent.

Gravé par Lebat.

VIBERT

J. G.

77 — **Moine cueillant des radis.**

Dans un petit potager se trouvant à l'extrémité d'un jardin boisé, un bon père capucin, abrité du soleil sous un grand parapluie jaune, cueille des radis dans une plate-bande où se trouvent également des citrouilles.

Au bout d'une allée de verdure, on voit l'entrée du couvent.

Signé et daté de 1873.

Haut., 26 cent; larg., 19 cent.

Gravé par Los Rios.

VIBERT

H. C.

78 — **Tirailleurs de la Seine.**

Les cinq premiers de la troupe apparaissent sur la crête d'une côte rapide qu'ils viennent de gravir ; encore à demi cachés dans les broussailles, ils tirent sur l'ennemi.

L'un d'eux, à gauche, lève les bras en l'air en tenant son fusil, et paraît crier victoire.

Le soleil darde ses rayons sur le paysage.

Au bas de la côte on découvre la Seine et la plaine de Croissy.

Signé à gauche et daté 1873.

Bois. Haut., 22 cent.; larg., 16 cent.

WALDMULLER

1857

79 — **Le Départ pour la procession.**

Devant une maison aux murs garnis de feuillages, quatre petites filles en robe blanche couronnées de fleurs, et un jeune garçon portant un cierge, s'apprêtent à partir pour la cérémonie.

Près d'un vieillard assis sur un banc, une petite fille manifeste en pleurant son regret de ne pas être aussi en toilette ; deux autres fillettes, assises par terre, préparent des couronnes, pendant qu'un garçonnet regarde cette scène, les mains croisées derrière son dos.

Galerie Gsell, n° 412.

Bois. Haut., 65 cent.; larg., 80 cent.

WALDMULLER

80 — **Le Retour au pays.**

Les habitants d'un village sont dans la joie, les enfants surtout, car les voyageurs qui viennent de descendre de voiture leur ont apporté des cadeaux et des friandises.

A droite, un groupe de femmes et de jeunes filles admirent un beau foulard rouge que l'une d'elles a reçu en partage.

Galerie Gsell, n° 415.

Toile. Haut., 74 cent.; larg., 94 cent.

WEBER

(OTTO)

81 — **Troupeau de bœufs en Écosse.**

Dans une vallée des Highlands, parsemée de roches et de petites mares, un nombreux troupeau de bœufs, aux robes de diverses couleurs, s'avance au milieu des herbes et des bruyères, sous la conduite d'un berger et de son chien.

Au loin, dans la brume formée par les nuages, se voit une chaîne de montagnes.

Toile. Haut., 1 m. 15 cent.; larg., 2 mètres.

Gravé par Faivre.

WEBER

OTTO

82 — Le Chemin barré.

Deux petites écolières sont arrêtées près d'un haras, elles hésitent à la vue de trois chevaux, alezan, bai brun et gris pommelé, qui, groupés sur le chemin, leur barrent le passage.

La plus jeune, en tablier blanc recouvert d'un corsage rose, porte un panier et une ardoise ; elle s'est déjà engagée sur une passerelle formée de madriers : un geste charmant et naïf indique sa perplexité. Sa grande sœur, en veston bleu marin et coiffée d'un chapeau de paille, se tient derrière et semble la rassurer.

Un petit ruisseau, entourant le haras, serpente le long de la haie vive au-dessus de laquelle apparaît la tête d'une vache blanche tachetée de roux.

Au loin, les maisons du village.

Signé au bas, à gauche.

Toile. Haut., 78 cent.; larg., 1 m. 29 cent.

WEBER

OTTO

83 — Pâturage.

Un troupeau nombreux de bestiaux pâture dans une vaste prairie arrosée à droite par un cours d'eau bordé de saules et d'une palissade rustique.

Au premier plan, quatre bœufs couchés, dont un tacheté de noir ; plus loin, quatre autres debout et, dans le lointain, le reste du troupeau.

Ciel gris annonçant l'approche de la pluie.

Signé à gauche.

Bois. Haut., 32 cent.; larg., 48 cent.

WORMS

84 — Chaque âge a ses plaisirs.

Nous sommes transportés en Espagne, dans la cour d'un ancien palais aux colonnes ornées de chapiteaux sculptés.

Selon le titre du tableau, chacun se livre à un plaisir approprié à ses goûts.

Au centre de la composition, un jeune Espagnol fait la cour à une Andalouse assise près de lui et qui l'écoute en jouant de l'éventail; à droite, un chanteur, assis sur un banc de pierre entre deux colonnes, pince de la guitare; deux de ses compagnons, debout devant lui, l'écoutent attentivement. Vers la gauche, un vieux bonhomme soigne un oiseau en cage, tandis qu'un enfant s'amuse à attraper des mouches au vol le long du mur.

Signé à droite.

Salon de 1878.

Haut., 55 cent.; larg., 74 cent.

Gravé par Kratké.

WORMS

85 — Le Barbier espagnol.

L'opérateur occupé à barbifier un client, assis sur un banc contre le mur d'une maison, a interrompu sa besogne à la vue d'une jolie personne qui passe près de lui en montant les marches d'un escalier.

Le patient, la figure barbouillée de savon, attend anxieux et appréhende une maladresse qui peut être causée par la distraction du galant figaro.

Trois clients attendent leur tour : l'un, assis sur le banc, roule une cigarette; un autre, en face, allume la sienne, et le troisième est debout, drapé dans son manteau près d'une porte.

Une cage est accrochée au mur, à gauche; à terre, à droite, un pot de fleurs.

Signé à droite.

Salon de 1878.

Haut., 54 cent.; larg., 75 cent.

Gravé par Jeannin.

AQUARELLES

ALT

RUDOLPH

86 — **Les Arènes de Vérone.**

Aquarelle.

Haut., 18 cent., larg., 26 cent.

ALT

RUDOLPH

87 — **Vue de Roveredo.**

Aquarelle.

Haut., 21 cent.; larg., 32 cent.

ALT

RUDOLPH

88 — **Grundel-See.**

Lac entouré de montagnes.

Aquarelle.

Haut., 27 cent., larg., 34 cent.

ROSA BONHEUR

89 — **Pacage de moutons.**

Un petit troupeau, composé de seize mérinos, broute dans une lande où poussent des genêts.

Aquarelle signée à gauche et datée 1872.

Haut., 53 cent., larg., 50 cent.

PETTENKOFEN

90 — **Chaumières hongroises.**

Importante aquarelle signée.

Haut., 35 cent.; larg., 50 cent.

PETTENKOFEN

91 — **Village de Hongrie.**

Près d'une habitation ensoleillée, un homme est assis par terre. Quatre gorets errent en liberté sur le chemin.

Aquarelle signée à droite et datée 1854.

Haut., 25 cent.; larg., 36 cent.

PETTENKOFEN

92 — **Batterie d'artillerie prenant position sur une colline.**

Aquarelle signée à droite et datée 1849.

Haut., 13 cent.; larg., 22 cent.

PETTENKOFEN

93 — **Jeune Mendiant bohémien.**

Aquarelle signée à gauche.

Haut., 29 cent.; larg., 20 cent.

PETTENKOFEN

94 — **Bohémienne allaitant son enfant.**

Aquarelle signée à gauche.

Haut., 25 cent.; larg., 18 cent.

PETTENKOFEN

95 — **Les Marchands de chevaux.**

Bande de chevaux conduits par quatre cavaliers.

Aquarelle.

Haut., 27 cent.; larg., 63 cent.

PETTENKOFEN

96 — **Cabanes saccagées.**

Dans la cour d'une ferme, le corps d'un soldat reste étendu.

Aquarelle signée à gauche.

Haut., 16 cent.; larg., 20 cent.

VIBERT

97 — **Gulliver fortement attaché au sol est cerné par l'armée.**

Les autorités lilliputiennes attendent son réveil.

Très beau dessin du tableau si admiré au Salon de 1870.

Haut., 54 cent.; larg., 1 m. 9 cent.

VIBERT

G.

98 — **Cardinal aux écoutes.**

Il tend l'oreille contre une riche portière en brocart.

Aquarelle signée à gauche.

Haut., 47 cent.; larg., 26 cent.

ÉCOLES ANCIENNES

CARRACCI

(ANNIBAL)

Né à Bologne en 1560, mort en 1609.

ÉCOLE ITALIENNE.

99 — **Étude de quatre têtes.**

Collection Madrazzo.

Galerie Salamanca (1875), n° 90 du catalogue.

Toile signée. Haut., 27 cent.; larg., 33 cent.

DYCK

(ANTOINE VAN)

Né à Anvers en 1599, mort en 1641.

ÉCOLE FLAMANDE.

100 — **Portrait de Dona Polixena Espinola, femme du premier marquis de Léganès.**

« Assise majestueusement dans un fauteuil en cuir, les deux mains appuyées sur les bras du siège, la marquise de Léganès se montre revêtue d'une longue robe de satin noir, richement ornée de médaillons précieux et d'une chaine en or. Une large collerette en dentelles à tuyaux encadre sa tête. Elle tient dans sa main droite une paire de gants et des manchettes en guipure garnissent ses poignets. »

Galerie du marquis de Almenara.

Galerie Salamanca (1875), n° 54 du catalogue.

Toile. Haut., 1 m. 83 cent.; larg., 1 m. 11 cent.

EVERDINGEN

(ALBERT VAN)

Né à Alkmaar en 1621, mort en 1675.

ÉCOLE HOLLANDAISE.

101 — **Paysage de Norwège.**

Dans un site sauvage, un torrent impétueux débouche d'une forêt de sapins, tombe en cascade et roule ses flots d'écume à travers les rochers du premier plan.

Quelques cabanes de planches sont construites sur la lisière de la forêt : l'une d'elles, à droite, sert d'auberge : un cavalier et un groupe de paysans y sont arrêtés.

A gauche, sur le bord du torrent, un pêcheur de truites.

Très bon tableau de l'artiste, comparable, notamment dans l'exécution des eaux, à une œuvre de Jacob Ruysdael.

Signé des initiales A. V. E., sur une roche à gauche.

Galerie Gsell, de Vienne.

Toile. Haut., 64 cent., larg., 83 cent.

GELÉE

(CLAUDE dit le LORRAIN)

Né au château de Chamagne en 1600, mort à Rome en 1682.

ÉCOLE FRANÇAISE.

1000 / 1850

102 — La Danse.

D'une clairière ombragée par de beaux arbres touffus, formant un magnifique décor, la vue s'étend sur une campagne bornée au loin par de hautes montagnes et baignée dans une brume dorée sous les rayons du soleil couchant.

Le paysage est coupé, dans sa profondeur, par une rivière dont le rivage opposé est escarpé et surmonté de constructions.

Une passerelle en bois, jetée sur cette rivière, vient aboutir à un chemin suivi par un colporteur se dirigeant vers le premier plan.

Des pâtres et des villageois se livrent aux plaisirs de la danse, à l'ombre des grands arbres.

Un cavalier s'engage sous bois, à droite.

Belle composition d'un grand effet de lumière.

Les figures peintes par Philippe Lauri.

Galerie de Don Juan Galver, peintre du roi Ferdinand VII.

Galerie Salamanca (1875), n° 117 du catalogue. 6800.

Toile Haut., 1 m. 6 cent.; larg., 1 m. 47 cent.

GOYA Y LUCIENTÈS

DON FRANCISCO

Né à Fuentendos (Aragon) en 1746, mort à Bordeaux en 1828.

ÉCOLE ESPAGNOLE.

103 — Combat de taureaux.

« Nous assistons à une course de taureaux, sous le ciel de l'Espagne, au milieu de nombreux spectateurs toujours avides de ces combats si souvent dangereux.

« Le champ est divisé en deux arènes.

« Dans l'arène à gauche, le picador attend que le taureau soit préparé : dans celle de droite, le toréador se dresse sur ses étriers pour transpercer de sa lance le taureau qui va se jeter sur lui. »

Vente de Goya.

Galerie Salamanca (1875), n° 13 du catalogue.

Toile. Haut., 97 cent.; larg., 1 m. 25 cent.

GRAVÉ PAR MORDANT.

GOYEN

(JAN VAN)

Né à Leyde en 1596, mort à La Haye en 1666.

ÉCOLE HOLLANDAISE

6000
6500

104 — Ville au bord d'une rivière.

La rivière s'étend à perte de vue, sillonnée par des embarcations.

Au premier plan, une barque chargée de neuf personnes se dirige, à la rame, vers un chaland à voile.

Sur la rive, à droite, se dessinent les maisons d'une ville (que nous croyons être Dordrecht), dominées par la tour carrée de sa cathédrale.

Divers bateaux sont amarrés à la berge.

Ciel nuageux.

Très joli tableau, du meilleur faire du maitre. D'un ton argenté, d'une grande transparence et d'une parfaite conservation.

Signé des initiales et daté 1640 sur la barque.

Galerie Gsell, n° 35.

Bois. Haut., 40 cent.; larg., 61 cent.

MURILLO

BARTHOLOMÉ-ESTEBAN,

Né à Séville en 1618, mort en 1682

105 — **Sainte Rose de Lima.**

« Vue à mi-jambes, elle est debout en extase, tenant de la main droite une branche de roses sur laquelle descend le petit Jésus. De la main gauche, elle serre un chapelet contre son sein. Guimpe blanche et robe blanche, sur laquelle se drape un manteau foncé. Dans le ciel, un chœur de chérubins.

« Grandeur naturelle.

« Ce tableau a été gravé à Madrid par Blas Ametller, et se trouvait dans la galerie du Real Palacio.

« Cean Bermudez parle de Sainte Rose de Lima t. II, p. 65. »

Galerie Salamanca, 1875, n° 26 du catalogue.

Toile. Haut., 1 m. 66 cent.; larg., 1 m. 23 cent.

GRAVÉ PAR DESMOULINS.

MURILLO

106 — **Le Jeune Tobie et l'Ange.**

Toile. Haut., 85 cent.; larg., 1 m. 23 cent.

MURILLO

107 — **Suzanne et les Deux Vieillards.**

Toile. Haut., 85 cent.; larg., 1 m. 24 cent.

Ce tableau et le précédent qui faisaient partie d'une suite de six tableaux : Job, Moïse, Tobie, Suzanne, Daniel et le Songe de saint Joseph, appartenant à la première manière de l'artiste, proviennent des cinq premiers ordres de Madrid. Ces toiles furent achetées en vente publique par don José de Madrazzo, directeur du Musée Royal, et passèrent ensuite dans la galerie du marquis de Salamanca.

Ils sont décrits dans le catalogue de la vente faite en 1875, sous les nos 21 et 22.

OSTADE

(ADRIEN)

Né à Harlem en 1610, mort en 1685.

ÉCOLE HOLLANDAISE.

108 — **Villageois en goguette.**

Dix-huit villageois, hommes, femmes et enfants, se divertissent dans l'intérieur d'une grange.

A gauche, un groupe de buveurs, dont l'un debout, coiffé d'une calotte rouge, tient un cruchon de grès derrière son dos; un fumeur, assis sur un banc, hache du tabac, pendant que les autres boivent, fument et chantent.

Au milieu de la grange, un ménétrier debout sur un tonneau fait danser un homme et une femme qu'entourent une galerie de spectateurs assis.

A terre, une roue de chariot, un panier et divers ustensiles.

Composition importante de la première manière du maitre.

Galerie Eszterhazy.

Galerie Gsell, de Vienne, n° 77 du catalogue.

Bois. Haut., 47 cent.; larg., 64 cent.

RUBENS

PIERRE-PAUL

Né à Siegen le 29 juin 1577, mort à Anvers le 30 mai 1640

ÉCOLE FLAMANDE.

109 — La Colère d'Achille.

« Agamemnon est sur un trône.

« Riche architecture avec cariatides.

« A droite, Minerve, casquée, arrête Achille, qui veut tirer son glaive.

« A gauche, trois hommes expriment la surprise et l'indignation.

« En avant, au milieu, est couché un lion enchainé.

« Ce tableau et *la Mort d'Achille* font partie d'une suite de huit compositions empruntées à *la Vie d'Achille* et destinées à être reproduites en tapisserie. Les six autres sont encore dans la galerie du duc de l'Infantado. »

Galerie Salamanca 1875.

Bois. Haut., 1 m. 7 cent ; larg., 1 m. 8 cent.

GRAVÉ PAR RAMUS.

RUBENS

(PIERRE-PAUL)

110 — **La Mort d'Achille.**

« Devant l'autel où brûle le feu sacré, Achille, blessé au talon par la flèche de Pâris, que dirige Vénus, se renverse mourant.

« Riche architecture, analogue à celle du tableau qui représente *la Colère d'Achille*. Cariatides aux deux côtés et amours soutenant en l'air des guirlandes.

« En avant, au milieu, un loup tenant dans sa gueule un aigle renversé. »

Galerie du duc de l'Infantado.

Pendant du précédent.

Galerie Salamanca (1875).

Bois. Haut., 1 m. 7 cent.; larg., 1 m. 8 cent.

GRAVÉ PAR RAMUS.

RUYSDAEL

(JACOB)

Mort à Harlem en 1682

ÉCOLE HOLLANDAISE

111 — La Cascade.

Le ciel, dont la lumière est légèrement tamisée par les nuages qui projettent leur ombre sur une partie du paysage, se reflète dans une rivière retombant en cascade bouillonnante à travers des rochers au premier plan.

Plus loin, à droite, un coteau boisé, contourné par une route et sur lequel sont élevées diverses habitations.

Au fond, à gauche, derrière un rideau d'arbres on aperçoit les ruines d'un château dans un site en pleine lumière.

Belle composition imprégnée d'un grand sentiment de poésie.

Signé à droite sur une roche.

Galerie Gsell, de Vienne.

Haut., 70 cent.; larg., 54 cent.

GRAVÉ PAR LECERBIER.

RUYSDAEL

(SALOMON)

Né à Harlem en 1605, mort en 1670.

ÉCOLE HOLLANDAISE.

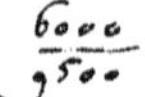

112 — **Paysage**.

C'est, croyons-nous, sur les bords de l'Yssel, que l'artiste a choisi le motif de ce joli paysage.

Un bouquet de grands arbres, occupant une grande partie du tableau, à droite, abrite une chaumière et ombrage les eaux de la rivière au premier plan, où trois pêcheurs montés dans une barque sont occupés à relever leurs filets.

A gauche, quatre bestiaux dont les silhouettes se détachent dans la vive lumière reflétée par les eaux.

Au loin, on distingue des barques à voiles et les rives sinueuses et boisées du cours d'eau.

Tableau de la plus belle qualité de l'artiste et d'une conservation parfaite.

Signé à droite et daté de 1663.

Galerie Gsell.

Bois. Haut., 53 cent.; larg., 63 cent.

GRAVÉ PAR LETERRIER.

SNEYDERS

FRANÇOIS

Né à Anvers en 1579, mort en 1657.

ÉCOLE FLAMANDE.

113 — **Milans et Coqs.**

Galerie de Altamira.

Galerie Salamanca (1875), n° 64 du catalogue.

Toile. Haut., 2 m. 10 cent.; larg., 2 m. 20 cent.

TERBURG

GÉRARD

Né à Zwolle en 1608, mort à Deventer en 1681

ÉCOLE HOLLANDAISE

114 — **Portrait d'homme en pied.**

Représenté debout, près d'une table recouverte d'un tapis de velours rouge sur laquelle sont posés sa montre, son chapeau et un gros livre.

Vêtu de noir, drapé dans un manteau qu'il a ramené sous son bras droit et qu'il retient de sa main gauche gantée.

Collerette de guipure, larges manchettes et bas blancs.

La tête découverte avec chevelure blonde, il regarde de face.

Derrière lui, une chaise près d'une porte entr'ouverte. Une carte est appendue au mur.

Cadre sculpté.

Galerie Salamanca (1875), n° 82 du catalogue.

Toile. Haut., 77 cent.; larg., 60 cent.

VELASQUEZ

DON DIEGO RODRIGUEZ DE SILVA Y

Né à Séville en 1599, mort à Madrid en 1660.

ÉCOLE ESPAGNOLE.

115 — **Portrait d'un cardinal, majordome du pape Innocent X.**

« Il est assis dans un fauteuil à dossier rouge, la main gauche sur le bras de ce fauteuil, la main droite tenant un papier sur lequel est écrit : « *Alla Santta di Nro Signre* Innocenzio Xº « Mons. Maggiordomo ne parti. A S. Sta per Diego d. Silua « Velasque. E. Pietro Martire Neri. »

« Cheveux et moustaches grisonnants, toque noire, manches blanches, surplis bleu doublé de rouge.

« Figure de grandeur naturelle, vue jusqu'aux genoux. Peinte en 1648, à Rome, époque du portrait d'Innocent X, de la galerie Doria. »

Galerie Salamanca (1875), n° 35 du catalogue.

Toile. Haut., 1 m. 15 cent., larg., 92 cent.

ÉCOLE FLAMANDE

XVIe siècle.

116 — **La Vierge et l'Enfant Jésus.**

La Vierge Marie, vêtue d'une robe bleue que recouvre un grand manteau rouge orné d'une broderie d'or et de perles, est assise sous un portique à pilastres de marbres de couleurs.

Elle tient l'Enfant Jésus debout sur ses genoux.

A droite, un vieillard coiffé d'un capuchon bleu présente une coupe ; à gauche, un ange joue de la mandoline.

Au fond, on aperçoit les tours d'une église.

Collection Madrazzo.

Galerie Salamanca (1875), n° 55.

Bois. Haut., 75 cent., larg., 59 cent.

20 mai 1889

COLLECTION A. DREYFUS

VENTE

Galerie GEORGES PETIT, 8, rue de Sèze, 8

Le Mercredi 29 Mai 1889, à 2 heures

COMMISSAIRE-PRISEUR

Mᵉ Paul CHEVALLIER, 10, rue de la Grange-Batelière, 10.

EXPERTS

M. Georges PETIT
12, rue Godot-de-Mauroi, 12.

M. B. LASQUIN
12, rue Laffitte, 12.

RÉSUMÉ DU CATALOGUE

TABLEAUX MODERNES

1. ACHENBACH. . . . . . . Le Moulin à eau.
2. ADAN. . . . . Gulliver à Brodingnag.
3. AUGUIN . . . . A travers champs : matinée de septembre.
4. BAIL. . . . . Bibelots.
5. BARILLOT. . . . . La Ferme d'Onival (Somme).
6. BENOUVILLE . . . . . . Raphael et la Fornarina.
7. BERNE-BELLECOUR . . Les Tirailleurs de la Seine au combat de la Malmaison, le 21 octobre 1870.
8. BERNE-BELLECOUR . . Deux Tirailleurs dans les vignes.
9. BERNE-BELLECOUR . . Deux Tirailleurs.
10. BERNE-BELLECOUR . . Tirailleurs de la Seine en reconnaissance.
11. BERNE-BELLECOUR . . Tirailleur blessé.
12. BERNE-BELLECOUR . . Tirailleur en embuscade.
13. BERNE-BELLECOUR . . Tirailleur au créneau.
14. BERNE-BELLECOUR . . Fantassin en embuscade.
15. BERNE-BELLECOUR . . Tirailleur en embuscade.
16. ROSA BONHEUR . . . . Famille de cerfs.
17. BONNAT. . . . . Jeune Italienne.

18. BENJAMIN CONSTANT. L'Empereur du Maroc.
19. COROT. . . . . Paysage des environs d'Avray.
20. COROT. . . . . Les Bouleaux.
21. COURBET . . . . Le Retour du marché.
22. DAUBIGNY. . . . . La Chute des feuilles couchant.
23. DAUBIGNY. . . . . Bords de la Seine à Rangi
24. DELAROCHE. . . . . . . Le Retour de la moisson.
25. DELAROCHE. . . . . . . Marie-Antoinette après sa nation.
26. DETAILLE. . . . . Bonaparte en Égypte.
27. DETAILLE. . . . . Bonaparte en Égypte.
28. DIAZ . . . . La Partie de boules.
29. DIAZ . . . . Les Trois Petites Filles.
30. DIAZ . . . . La Mare; forêt de Fontai
31. DIAZ . . . . Après la pluie; forêt d tainebleau.
32. FRÈRE. . . . . Le Petit Bûcheron.
33. GIRARDET. . . . . Entrée dans la vallée de brunnen.
34. HAMON . . . . Les Victimes de l'amour.
35. HAQUETTE . . . . Retour de pêche.
36. HEILBUTH . . . . Bagatelle.
37. HENNER. . . . . Tête de femme.
38. JACQUET. . . . . Jeune Parisienne.
39. JETTEL . . . . Bords de rivière.
40. LAUGEE . . . . A l'automne.
41. LEFORTIER . . . . Étang d'un vieux mo Sologne.
42. LEFORTIER . . . . Bords de l'Yvette dans le Launay, à Orsay.
43. LOUIS LELOIR . . . . . La Bouillie pour les chats.
44. LOUIS LELOIR . . . . . La Dame au perroquet.
45. H. LEVY . . . . Hérodiade.
46. LOBRICHON. . . . . . . Un Philosophe.
47. LOBRICHON. . . . . . . Devant Guignol.
48. LOBRICHON. . . . . . . Variations sur un thème co
49. LOBRICHON. . . . . . . Le Supplice de Tantale.
50. MEISSONIER . . . . . . Jeune Homme lisant.
51. MOULLION . . . . Le Moissonneur.

89. ROSA BONHEUR . . . Pacage de moutons.
90. PETTENKOFEN . . . . Chaumières hongroises.
91. PETTENKOFEN . . . Village de Hongrie.
92. PETTENKOFEN. . . . . Batterie d'artillerie prenant position sur une colline.
93. PETTENKOFEN . . . . Jeune Mendiant bohémien.
94. PETTENKOFEN . . . . Bohémienne allaitant son enfant.
95. PETTENKOFEN Les Marchands de chevaux.
96. PETTENKOFEN Cabanes saccagées.
97. VIBERT . . . . . . Gulliver fortement attaché au sol est cerné par l'armée.
98. VIBERT . . . . Cardinal aux écoutes.

TABLEAUX ANCIENS

99. CARRACCI . . . . Étude de quatre têtes.
100. VAN DYCK . . . . Portrait de Dona Polixena Espinola, femme du premier marquis de Léganès.
101. EVERDINGEN . . . . . Paysage de Norwège.
102. GELEE . . . . La Danse.
103. GOYA Y LUCIENTES . Combat de taureaux.
104. GOYEN . . . . Ville au bord d'une rivière.
105. MURILLO. . . . . Sainte Rose de Lima.
106. MURILLO. . . . . Le Jeune Tobie et l'Ange.
107. MURILLO . . . . Suzanne et les deux vieillards.
108. OSTADE. . . . . Villageois en goguette.
109. RUBENS . . . . La Colère d'Achille.
110. RUBENS . . . . La Mort d'Achille.
111. RUYSDAEL . . . . . . La Cascade.
112. RUYSDAEL . . . . Paysage.
113. SNEYDERS . . . . . . Milans et Coqs.
114. TERBURG. . . . . . . Portrait d'homme en pied.
115. VELASQUEZ . . . . Portrait d'un cardinal, majordome du pape Innocent X.
116. ECOLE FLAMANDE . La Vierge et l'Enfant Jésus.

www.ingramcontent.com/pod-product-compliance
Ingram Content Group UK Ltd.
Pitfield, Milton Keynes, MK11 3LW, UK
UKHW020353180726
13839UKWH00003B/1080

9 782329 520940